ESSAI
SUR
LA LECTURE,

SECONDE ÉDITION,

Entièrement refondue et augmentée d'une
DEUXIÈME PARTIE ;

Par E. N.,

MEMBRE D'UN COMITÉ D'INSTRUCTION PRIMAIRE,

ET THÉVET,

INSTITUTEUR COMMUNAL A ANDEVILLE (OISE).

PREMIÈRE PARTIE.

MÉRU (*Oise*),
CHEZ LEFRANÇOIS, LIBRAIRE, PLACE DE L'HÔTEL-DE-VILLE.

1846.

ESSAI
SUR
LA LECTURE.

SECONDE ÉDITION,

Entièrement refondue et augmentée d'une
DEUXIÈME PARTIE ;

 Par E. N.,

MEMBRE D'UN COMITÉ D'INSTRUCTION PRIMAIRE,

 ET THÉVET,

INSTITUTEUR COMMUNAL A ANDEVILLE (OISE).

PREMIÈRE PARTIE.

MÉRU (*Oise*),

CHEZ LEFRANÇOIS, LIBRAIRE, PLACE DE L'HÔTEL-DE-VILLE.

1846.

Tout Exemplaire non revêtu de la signature de l'un des auteurs sera réputé contrefait.

AVANT-PROPOS.

La première édition, imprimée en 1835, n'a été tirée qu'à un petit nombre d'exemplaires, et a été distribuée à des amis et à quelques instituteurs : elle n'était pas destinée à la publicité. Nous n'avions pas la prétention d'avoir rédigé une Méthode complète de lecture, mais un simple Recueil d'observations que nous désirions soumettre à l'examen de certaines personnes que nous savions s'être beaucoup occupées de cette branche de l'instruction. Sur leur avis, nos principes ont été admis et enseignés dans plusieurs écoles, et les épreuves ayant paru satisfaisantes, on nous a priés d'en publier une seconde édition, dans laquelle de nombreux exemples viendraient à l'appui des théories.

Convaincus que notre travail pourrait être de quelque utilité à l'enseignement primaire, nous l'avons refondu en entier et divisé en deux parties. La première, écrite pour les maîtres, renferme l'ensemble de notre Méthode ; et la seconde, qui est entièrement neuve, se compose d'une série de Tableaux dans lesquels toutes les difficultés ont été graduées. Cette dernière partie peut être détachée de cet opuscule pour être mise entre les mains des élèves. Nous avons même fait un tirage particulier de chaque tableau, imprimé en caractères plus apparents, pour être exposé dans les classes.

Les soins que nous avons donnés à ce travail nous ont fait reconnaître que la lecture, qui est la base de l'éducation et le premier degré de l'échelle des sciences, est soumise, comme toutes les autres parties de l'enseignement, à des règles fixes qu'il nous était facile de déterminer.

Nous nous sommes efforcés de présenter ces règles dans un ordre logique et dans un cadre aussi resserré que possible, et de ne hasarder aucune objection qui n'eût reçu d'abord la sanction de l'expérience.

A mesure que nous donnions une règle, nous aurions pu la faire suivre de l'exception; mais nous avons renoncé à cette marche pour ne pas embrouiller les idées des élèves et ne point leur enseigner trop de choses à la fois. Nous nous sommes contentés de leur faire connaître les principes généraux, laissant aux maîtres le soin de leur montrer les exceptions, lorsqu'ils en jugeraient le moment favorable.

Pour obtenir des résultats plus certains, nous croyons qu'il est convenable de suivre exactement l'ordre des Tableaux. Les élèves passeront ainsi d'une moindre difficulté à une plus grande.

Et si, comme nous l'osons espérer, notre Méthode peut contribuer à abréger tant soit peu le temps qu'il faut consacrer à l'étude de la lecture, et qui est ordinairement si long, nous serons suffisamment récompensés de nos efforts.

ESSAI SUR LA LECTURE.

PREMIÈRE PARTIE.

OBSERVATIONS GÉNÉRALES.

La Lecture est l'art d'exprimer par la parole, ou de saisir par la pensée ce qui est écrit ou imprimé.

La parole se manifeste par des émissions de voix.

Toute émission de voix, tout son, forme une syllabe; et une ou plusieurs syllabes réunies composent un tout auquel on a donné le nom de *mot*. Lire c'est donc articuler successivement, soit de vive voix, soit mentalement, toutes les syllabes d'un mot.

Mais les mots écrits ne présentant aux yeux qu'un assemblage de signes, appelés lettres, c'est par la connaissance des lettres que doit commencer l'étude de la Lecture.

Cette première partie de l'enseignement repose presqu'uniquement sur la mémoire. Avant de passer à la syllabisation, les élèves doivent apprendre par cœur et savoir, sans aucune faute, le nom des lettres simples, la prononciation des lettres composées et celle de tous les sons qui entrent dans la formation des mots. Plus les maîtres auront mis de soin à bien inculquer ces premiers éléments dans l'esprit des commençants, plus les progrès seront sensibles.

CHAPITRE I.

DES LETTRES.

1° Les Lettres sont de deux sortes : les voyelles et les consonnes.

Il y a différentes manières de les figurer. Les livres et les écritures emploient, selon les prescriptions de la grammaire, tantôt des lettres majuscules, tantôt des minuscules ou des italiques.

Comme les enfants qui commencent à lire n'ont été préparés par aucune autre étude, et que leurs têtes légères ne sont pas susceptibles d'une longue application, nous pensons que les premières leçons doivent être d'une grande simplicité et qu'il suffit de leur faire connaître d'abord une seule forme des lettres.

2°. Nous mettons sous leurs yeux, dans un premier tableau, les neuf voyelles simples. Nous avons soin de leur dire que ces lettres sont des voyelles, et que toutes autres lettres sont des consonnes. Aussi lorsque, plus tard, nous demandons à un élève si telle lettre que nous lui indiquons est une voyelle ou une consonne, il doit consulter ce premier tableau avant de nous répondre. S'il la trouve sur le tableau, il répond : c'est une voyelle. S'il ne l'y trouve point, il répond : c'est une consonne. Nous renouvelons fort souvent la même question afin qu'il s'habitue à bien reconnaître la nature des lettres et qu'il puisse ensuite facilement combiner ses syllabes.

3° Après les voyelles simples, viennent les voyelles composées. Nous en fesons l'objet d'un second tableau, en tête duquel nous inscrivons les voyelles simples que l'élève connait déjà ; et au-dessous de chacune de ces voyelles, nous plaçons celles des voyelles composées qui ont des sons identiques. Nous fesons comprendre à l'élève que les voyelles composées se prononcent comme les simples et qu'elles n'expriment qu'un son. Nous commençons ainsi à exercer un peu son intelligence. Il sera bon de faire remarquer qu'il n'y a pas de voyelle composée, commencant par un *u* ni par un *i*.

4° Le troisième tableau comprend toutes les consonnes simples. Le maître fera remarquer qu'à l'exception de la lettre H, on doit les prononcer toutes comme si elles étaient suivies de la voyelle *e*. L'appellation nouvelle de ces lettres tire son origine du son qu'elles rendent quand elles terminent une syllabe dans l'intérieur d'un mot.

5° Quant à la lettre H, le maître dira qu'elle n'a de valeur réelle qu'autant qu'elle est combinée avec les consonnes *c* et *p* (comme on le voit au 4° tableau), et qu'elle est inutile dans tous les mots où ne se trouve pas cette combinaison; il sera temps plus tard, quand il s'agira des liaisons, d'expliquer en quoi consiste l'emploi de l'*h* aspirée.

6° Dans le 4e tableau, nous fesons connaître les consonnes composées, c'est-à-dire celles qui, formées de plusieurs consonnes, n'expriment néanmoins qu'un son.

Les consonnes *ch, gn, ph,* ont un son propre qui ne peut se décomposer.

Ch se prononce comme dans la première syllabe de *cheval,* et dans la dernière de *biche.*

Gn, comme dans *agneau, campagne.*

Et *ph*, comme dans la consonne simple *f*.

Il y a bien certains mots français dans lesquels *gn*, se prononce *gue-ne*, mais ces mots ont presque tous une origine étrangère et se rencontrent rarement dans les livres. (1) Il est donc inutile d'en parler aux commençants. C'est lorsqu'ils seront familiarisés avec tous les principes de la lecture que le moment viendra de leur apprendre les exceptions que comportent certaines règles générales.

Toutes les autres consonnes composées se prononcent comme si elles étaient suivies de la voyelle e.

Pour mettre en jeu l'intelligence de l'élève et faciliter l'exercice de sa mémoire, le maître devra avoir soin de décomposer d'abord ces consonnes et de lui en faire bien comprendre la combinaison. L'élève prononcera ainsi ces lettres : *b-l-ble*; *b-r-bre*; *ph-l-phle*, et ainsi des autres. Puis, quand il en aura bien saisi la composition, on les lui fera lire de manière à ne faire entendre qu'un son en les prononçant.

7° Lorsque les voyelles et les consonnes sont bien connues de l'élève, nous appelons son attention sur 18 sons, composés de ces deux sortes de lettres, et qui servent à former une infinité de mots.

Tel est l'objet du 5° tableau.

Nous avons écrit, les uns au-dessous des autres, dans des colonnes verticales, les sons de même nature, afin que le souvenir de l'un de ces sons puisse rappeler à l'élève tous ceux pareils de la même colonne. De cette manière nous venons en aide à la mémoire, autant que possible.

8° A la fin de chaque tableau nous plaçons des exercices qui n'apprennent rien de nouveau, mais qui rappellent tout ce qui a été appris dans les tableaux précédents. C'est un moyen de s'assurer si tout a été bien retenu. Car les enfants ont ordinairement une mémoire

---

(1) Tels sont, entre autres : *agnat, agnus, gnome, ignition, stagnant, Progné.*

de position; ils connaissent une lettre placée en tel endroit, et si on la leur montre dans une autre place ils ne la reconnaissent plus. L'élève devra donc chercher dans les exercices les lettres et les sons qu'on lui demandera et les indiquer, en faisant la distinction des voyelles d'avec les consonnes.

9° Quand il ne laisse plus rien à désirer sous ce rapport, nous mettons sous ses yeux les diverses formes des lettres ; et commme il en connaît déjà parfaitement les noms, il aura bientôt fait connaissance avec ces nouvelles formes.

Le 6° tableau représente ces différentes formes des lettres, en regard desquelles nous plaçons celle que l'élève a déjà étudiée. Le 7° tableau présente les lettres sous leurs différentes formes et dans l'ordre alphabétique.

C'est seulement lorsqu'il connaît parfaitement ses lettres, quelle qu'en soit la figure, lorsqu'il prononce exactement tous les sons composés, et qu'il sait bien distinguer les voyelles d'avec les consonnes, qu'on peut le faire passer à la syllabisation. S'il est encore arrêté par quelques lettres ou sons, il se reportera aux précédents tableaux pour se remettre sur la voie. Quand l'élève se corrige de lui-même, sa sagacité est exercée et il retient facilement. Il n'en est pas de même si le maître lui indique trop promptement ce qu'il doit dire. L'enfant répète, dans ce cas, ce que son maître a prononcé; mais il le fait machinalement et sans réflexion; son intelligence n'y est pour rien. C'est plus particulièrement lors de la lecture des syllabes et des mots que cette observation trouvera son application, car les progrès étant en raison directe de l'attention de l'élève, il faut faire en sorte qu'elle soit fixée sans cesse sur l'objet de son enseignement.

CHAPITRE II.

DE LA SYLLABISATION.

Avant de nous occuper de la formation et de la lecture des syllabes, nous avons à examiner une importante question : *doit-on admettre ou rejeter l'épellation ?*

Les uns soutiennent qu'il faut la conserver ainsi qu'on le faisait autrefois ; que c'est un moyen de montrer l'orthographe en même temps que la lecture.

D'autres proposent de la supprimer en totalité et de mettre sous les yeux des élèves une combinaison de voyelles et de consonnes, assez nombreuse pour que toutes les syllabes qui entrent dans la formation de chaque mot de la langue y soient représentées.

Nous ne pouvons admettre aucun de ces systèmes.

L'épellation ancienne consiste à nommer successivement toutes les lettres qui composent une syllabe. Le principal inconvénient de ce procédé provient de ce que la plupart des voyelles ne conservent pas, lorsqu'elles sont réunies, le son qu'elles expriment séparément. Ainsi : l'épellation successive des lettres qui forment les voyelles composées : *eau, ai, oi, etc,* ne donne à l'élève aucune idée des sons qu'il doit prononcer. Il n'y a que de fréquentes répétitions qui puissent les lui apprendre. De là beaucoup de temps perdu.

L'autre système présente un inconvénient non moins grave. Il exige de grands efforts de mémoire. L'élève est obligé de retenir les nombreuses syllabes qu'on lui fait lire. On fatigue son cerveau sans parler à son intelligence ; et s'il perd le souvenir de quelques-unes des syllabes qu'on lui a montrées, il ne possède pas les éléments nécessaires pour retrouver de lui-même le son qu'elles doivent rendre.

Il nous semble qu'on doit employer le procédé que suivent certains maîtres. C'est une épellation abrégée et bien plus rationnelle que l'ancienne. On considère comme une seule lettre, pour l'assemblage des mots, soit les voyelles composées, soit les consonnes composées, soit les sons compris dans le 5ᵉ tableau. Après très peu de temps d'exercice, l'élève épellera facilement une syllabe, quelque soit le nombre des lettres qui la forment, parce que chaque partie constitutive exprimera un son qui sera en rapport direct avec le son de la syllabe entière.

Nous prenons pour exemple le mot *euphrate*. D'après l'ancienne épellation, on dirait : *e-u-eu ; p-h-r-a-phra- euphra, t-e-te, euphrate*. Il est sensible, pour quiconque veut bien se dépouiller de ses anciennes habitudes, que *e-u* ne donne pas l'idée de *eu*, ni *p-h-r* de *fr*.

D'après le système que nous admettons, on dira : *eu, phr-a-phra, t-e-te, euphrate*. L'élève connaît la voyelle composée *eu*; il connaît également la consonne composée *phr*, dont le son se marie naturellement à celui de l'*a* qui suit. Et puis, ce mot n'exige, dans ce dernier système, que dix émissions de voix, tandis qu'il y en a seize dans l'autre.

Une syllabe peut être formée par une voyelle seule ou par une voyelle jointe à d'autres lettres. Toute émission de voix, tout son forme une syllabe. Ainsi, pour un enfant une syllabe est un son, et quand on lui dit qu'un mot a quatre syllabes, il faut avoir soin de lui faire remarquer les quatre sons que fait entendre la prononciation de ce mot.

Il n'y a pas de syllabe sans voyelle. C'est une règle sur laquelle il faut appuyer souvent, pour que l'élève ne cherche pas à former des syllabes avec des consonnes seules.

Nous avons vu que la nouvelle épellation des lettres donne, pour nom, à chaque consonne, le son qu'elle rend lorsqu'elle termine une syllabe dans l'intérieur d'un mot, ou ce qui revient au même lorsqu'elle est suivie d'un *e* muet. C'est donc avec l'*e* muet qu'il faut commencer la syllabisation, afin que l'élève exprime un son qu'il connaisse déjà.

On lui fera dire : *b-e-be*, *d-e-de*, *k-e-ke*, *m-e-me*, et l'on aura soin de lui faire sentir que les sons *b-e*, *m-e*, se confondent pour faire *be*, *me*.

On passera ensuite à *b-a-ba*, *b-o-bo*, et à toutes les autres combinaisons simples, toujours en fesant comprendre de quelle manière le son de la consonne se fond avec celui de la voyelle pour produire une syllabe, et en indiquant la prononciation des lettres *c* et *g* lorsqu'elles se trouvent placées devant les voyelles *e*, *é*, *è*, *ê*, *i*, *y*.

Puis, on réunira les consonnes aux sons composés. On dira : *d-e-de*, *d-ou-dou*, *d-aim-daim; b-e-be*, *b-ain-bain*, tout en fesant remarquer de quels éléments les sons composés sont formés.

On suivra, pour les consonnes composées, absolument le même procédé que pour les consonnes simples. On prononcera : *fr-e-fre*, *fr-ein-frein; tr-e-tre*, *tr-ou-trou; vr-e-vre*, *vr-ai-vrai*, etc.

Les 8e, 9e, 10e, 11e, 13e et 14e tableaux feront passer sous les yeux des élèves presque toutes les syllabes que forment, en se réunissant aux consonnes, soit les voyelles, simples ou composées, soit les sons composés.

La lecture sur ces tableaux se fera en suivant d'abord les lignes horizontales; puis, celles verticales; enfin, en ne suivant aucun ordre.

Par le premier de ces procédés, les élèves sont obligés, afin de pouvoir articuler exactement les syllabes, de distinguer la voyelle ou le son composé qui varie dans chacune de ces syllabes.

Par le deuxième, ils sont forcés, pour la même raison,

de distinguer la consonne qui est, à son tour, différente dans chaque syllabe.

Le troisième nous met à même de juger de leurs progrès, en dérangeant un peu leurs habitudes.

Dans le 12ᵉ tableau, nous présentons d'autres combinaisons des lettres ; nous plaçons des voyelles avant les consonnes.

Par ces nouvelles combinaisons, on obtient d'autres sons dont chacun n'est que la reproduction des deux sons distincts rendus par la voyelle et la consonne ; et comme ces deux émissions de voix doivent se fondre de manière que l'oreille ne perçoive, pour ainsi dire, qu'un son, il faut avoir soin d'affaiblir beaucoup celui de la consonne et de ne faire entendre que faiblement la voyelle *e* qui est censée suivre chaque consonne. Ainsi *ab* représente *a-be*, *ic* représente *i-ke*.

Dans ce 12ᵉ tableau nous n'avons fait figurer aucun des quatre *E*, ni les consonnes *S* et *T*, parce que les élèves ne connaissent point encore la théorie de ces lettres, à laquelle nous arrivons plus tard, mais graduellement.

Pour faciliter l'étude des syllabes, et pour frapper davantage les yeux et l'esprit des élèves, l'un de nous a inventé un petit instrument fort simple, auquel il a donné le nom de *syllabier* et dont le modèle se trouve à la fin de cet opuscule.

Cet instrument consiste en une planche de 50 centimètres de long sur 25 de large, dans laquelle sont pratiquées trois rainures, d'une largeur de 2 centimètres, chacune, à la surface de la planche, et de 3 centimètres au fond.

Ces rainures ou coulisses sont destinées à recevoir trois petites planchettes mobiles, appelées *curseurs*, lesquelles y montent et descendent à volonté, et sont maintenues, aux points où l'on veut les arrêter, au moyen d'un petit ressort placé derrière.

On dispose sur le syllabier, en trois colonnes séparées et verticales, savoir :

A gauche de la 1re rainure, toutes les consonnes simples.

A gauche de la 2e rainure, toutes les consonnes composées.

Et à droite de la dernière, les consonnes simples b, c, d, f, g, l, m, n, p, r.

Toutes ces lettres doivent être également espacées dans les trois colonnes.

Puis, sur deux curseurs (le 1er de gauche, et celui du milieu) on écrit, l'un au-dessous de l'autre et en conservant entre les lignes le même espace qui a été observé sur le syllabier pour les consonnes, 1° toutes les voyelles simples, 2° toutes les voyelles composées, 3° et tous les sons portés au 5e tableau.

Sur le troisième curseur (celui de droite) on écrit aussi, l'une au-dessous de l'autre et en laissant entre elles le même intervalle, les voyelles a, i, o, u, y, eu, $œu$, ai, ei, ou, oi.

L'instrument ainsi établi, on met en mouvement les curseurs selon le degré de force de l'élève. On les fait monter et descendre dans les coulisses, de manière que tous les sons simples ou composés viennent se caser successivement à la droite de chaque consonne, et que les voyelles inscrites sur le troisième curseur arrivent alternativement à la gauche des consonnes de la troisième colonne.

Par ce moyen, toutes les syllabes qui entrent dans la composition des mots de la langue française passent l'une après l'autre sous les yeux des élèves.

CHAPITRE III.

DIVISION DES MOTS EN SYLLABES.

Une des plus grandes difficultés de la lecture est la division des mots en syllabes. Dans les alphabets ordinaires on présente aux élèves des mots tout divisés qu'ils lisent machinalement, sans chercher à se rendre compte des raisons de séparation. Il n'y a qu'un long usage et des répétitions multipliées qui puissent les mettre en état de lire promptement des mots formés de trois ou quatre syllabes, surtout s'il s'y rencontre deux ou trois consonnes successives, comme dans : *obstiné, transcrire, camphre, asthme, enrhumé*, etc.; ou bien les sons composés *on, om, in, im, un, um*. Ils ne peuvent comprendre pourquoi ces derniers sons doivent changer dans *omis, onéreux, inévitable, image, univers, humilier;* leur première pensée est de lire ainsi ces mots : *om-is, on-éreux, in-évitable, im-age, un-ivers, hum-ilier*.

Dans la vue d'aplanir cette difficulté, plusieurs auteurs dans des écrits spéciaux, et notamment MM. Dumas et Bled (1), ont proposé, pour la séparation des syllabes, des moyens fort ingénieux qui nous ont tout d'abord séduits; mais lorsque nous avons voulu les mettre en pratique dans une classe composée d'un certain nombre d'élèves, nous avons été arrêtés par les difficultés d'exécution.

Nous avons cherché à notre tour ; et après des tentatives longtemps infructueuses, nous avons découvert une règle, qui a quelqu'analogie avec celle de M. Bled, tout en

---

(1) M. Dumas, dans un petit livre intitulé : *de la simplification des méthodes de lecture ;* et M. Bled, dans un tableau portant le titre : *méthode des méthodes.*

partant d'un autre point de vue, et qui nous a paru, dans sa simplicité, renfermer les vrais principes de la lecture. Nous avons reconnu, alors, que la manière d'écrire la plupart des mots de la langue française n'est point due au hasard ni au caprice, et que le moindre changement dans l'orthographe en amènerait un notable dans les méthodes de lecture.

Notre règle est générale et invariable; il n'est pas de mot qui puisse s'y soustraire.

A l'aide de cette règle, l'élève n'a plus besoin de s'exercer sur des mots tout divisés ; il s'habitue à faire de lui-même la séparation des syllabes. Dans cette opération, son esprit travaille avec fruit; et il est évident que l'on retient bien mieux ce que l'on fait soi-même que ce que l'on trouve fait.

Un étranger qui vient en France avec l'intention d'étudier notre langue, éprouve de grandes difficultés à apprendre à lire, accoutumé qu'il est à grouper autrement que nous les voyelles et les consonnes pour former les syllabes. Ces difficultés disparaîtraient bientôt, si les maîtres chargés de lui enseigner la lecture avaient recours à notre méthode.

La voici :

Règle pour diviser les mots en syllabes.

« 1° Toute syllabe est complète et se termine après
» chaque voyelle, à moins que cette voyelle ne soit suivie
» de plusieurs consonnes.

» 2° Si plusieurs consonnes suivent immédiatement la
» voyelle, on ajoute à cette voyelle, pour terminer la
» syllabe, soit une de ces consonnes s'il ne s'en trouve
» que deux, soit deux consonnes s'il s'en trouve davantage.

» 3° Toutes les consonnes qui terminent un mot
» s'ajoutent à la dernière voyelle.

Observation.

» Les voyelles composées, qui ne rendent qu'un son et
» qui, à ce titre, sont inséparables, ne comptent dans
» la syllabe que pour une voyelle simple.

» Les consonnes composées, qui ne rendent également
» qu'un son et qui sont par le fait inséparables, ne
» comptent aussi que pour une consonne simple. »

Si l'on voulait, dès l'origine, faire apprendre ces principes par cœur aux élèves, ce serait du temps perdu ; on en chargerait inutilement leur mémoire ; ils ne les comprendraient pas. Leur intelligence ne serait pas encore assez développée pour embrasser tout l'ensemble d'une méthode.

Mais si l'on a soin de diviser la règle en plusieurs parties, de suivre une gradation marquée et d'appeler sans cesse la pratique au secours de la théorie, on sera certain d'obtenir des résultats prompts et satisfaisants.

Nous ne nous sommes décidés à livrer cet opuscule à la publicité qu'après une longue expérience dans une classe de cent enfants, et après avoir acquis la conviction que les écoles primaires qui essaieront de notre méthode verront se développer rapidement les progrès de leurs élèves.

Nous allons indiquer la marche à suivre pour arriver graduellement au but que nous nous proposons d'atteindre.

1° On met d'abord sous les yeux des enfants des mots faciles dans lesquels figurent uniquement des voyelles et des consonnes simples (c'est l'objet de notre 15e tableau) ; et sans avoir l'air de leur enseigner aucune règle, on leur dit de mettre un trait de séparation après chaque voyelle.

EXEMPLES.

Ami, ôté, cavité, libéralité, ébène, imité.

Quand ils ont ainsi séparé ces mots :

A-mi, ô-té, ca-vi-té, li-bé-ra-li-té, é-bè-ne, i-mi-té,

on leur en fait lire successivement toutes les syllabes, et l'on continue ce procédé jusqu'à ce qu'ils soient bien habitués à diviser des mots aussi simples, ce qui ne peut être long.

2º On leur dit ensuite que les voyelles composées qu'ils connaissent déjà (c'est-à-dire celles qui ne font entendre qu'un son lorsqu'on les prononce) sont considérées comme des voyelles simples, et que le trait de séparation se place après la dernière des lettres qui forment chaque voyelle composée, toujours en fesant remarquer qu'il n'existe aucune voyelle composée commençant par *i* ou *u*.

EXEMPLES.

Coulé, courage, chapeau, aumône, aunage, eucologe, poire, lainage, neige.

Ils diviseront ainsi :

Cou-lé, cou-ra-ge, cha-peau, au-mô-ne, au-na-ge, eu-co-lo-ge, poi-re, lai-na-ge, nei-ge. (Voir le 16º tableau).

3º Puis, dès que les élèves seront parvenus à diviser ces mots et autres semblables sans faire de faute, on les fera passer au surplus de la règle. On leur expliquera que toutes les fois que dans l'intérieur d'un mot, il se trouve deux consonnes à la suite d'une voyelle, il faut en ajouter une à cette voyelle, et placer le trait de séparation après cette première consonne. (Voir les 17º et 18º tableaux).

EXEMPLES.

Caractère, orné, obtenu, consonne, semence, mansarde.

Ils devront diviser ainsi, d'après le principe qui vient d'être établi :

Ca-rac-tè-re, or-né, ob-te-nu, con-son-ne, se-men-ce, man-sar-de.

4º On leur fera savoir ensuite que lorsqu'il se rencontre,

dans un mot, plus de deux consonnes après une voyelle, on en ajoute deux à cette voyelle pour terminer la syllabe, et l'on met le trait de séparation à la suite de ces deux premières consonnes. (Voir le 19e tableau).

EXEMPLES.

Inspecté, constaté, instance.

Ils diviseront comme il suit, en ajoutant deux consonnes à la voyelle qui précède :

Ins-pec-té, cons-ta-té, ins-tan-ce.

5° On leur enseignera, en cinquième lieu, que les consonnes composées, qu'ils ont déjà étudiées, comptent seulement pour une consonne simple, parce qu'elles ne servent réellement qu'à exprimer un seul son et qu'elles sont inséparables; on leur dira en conséquence que chaque fois qu'une consonne composée se présente dans un mot, on opère comme s'il s'agissait d'une consonne simple. (Voir le 20e tableau).

EXEMPLES.

Complaire, écrire, lithographe, pupitre, pauvre, apprêt.

On fait voir que dans *complaire*, *pl* n'exprimant qu'un son et représentant une consonne simple, il faut diviser comme s'il n'y avait que deux consonnes simples, et que, par suite, la consonne *m* est seule à joindre à la voyelle *o*, d'où l'on obtient, *complaire* : que dans écrire, *cr* étant pris pour une consonne simple, le trait de séparation doit être placé après *é*; et ainsi des autres.

De sorte que la division des mots proposés, sera :

Com-plai-re, é-cri-re, li-tho-gra-phe, pu-pî-tre, pau-vre, ap-prêt.

6° Il ne sera pas difficile de faire comprendre que toutes les consonnes qui terminent un mot s'ajoutent à la dernière voyelle pour former la dernière syllabe, sauf à ne prononcer ordinairement que la première de ces consonnes.

EXEMPLES.

Crédit, douceur, repos, instinct, qu'on divise comme il suit :

Cré-dit, dou-ceur, re-pos, ins-tinct. (17e tableau).

7° Enfin on complètera la règle en fesant observer que lorsqu'il se trouve dans un mot plusieurs voyelles de suite, elles se séparent toujours, à moins qu'elles ne forment par leur réunion une voyelle composée : c'est une conséquence de la première partie de la règle.

EXEMPLES.

Bien, béatitude, cruauté, géorgie.
Divisez :
Bi-en, bé-a-ti-tu-de, cru-au-té, gé-or-gie.

On aura soin de faire aussi remarquer qu'il y a toujours lieu de séparer deux voyelles dont la première se trouve être un *i* ou un *u*, parce qu'il n'y a pas de voyelle composée commençant par une de ces deux lettres. (21e tableau).

A mesure qu'un élève a terminé la division d'un mot, nous le questionnons sur les motifs de cette division. C'est le moyen de nous assurer s'il a opéré par routine ou par application de la règle.

Prenons pour exemple les mots : *souvenir, amitié, vacarme, transcrire.*

L'élève dira :

Sur le premier mot : (*souvenir*).

Après la voyelle *ou* la syllabe se termine et je tire un trait de séparation (-); ou plus brièvement : après la voyelle *ou* un trait; après la voyelle *e* un trait; après la voyelle *i* j'ajoute la consonne qui reste. Et j'obtiens trois syllabes *sou-ve-nir*.

On le questionne ainsi :

D. Pourquoi tirer un trait après la voyelle *ou* ?

R. Parce qu'elle n'est suivie que d'une consonne.

D. Pourquoi tirer un trait après la voyelle *e* ?

R. Parce qu'elle n'est également suivie que d'une consonne.

D. Pourquoi n'avoir pas tiré un trait après *i*?

R. Parce qu'on ajoute toujours à la dernière voyelle les consonnes qui restent.

Sur le second mot : (*amitié*).

Après la voyelle *a* un trait de séparation ; après la voyelle *i* un trait ; après le second *i* un trait ; après la voyelle *é* un trait. Partant, quatre syllabes : *a-mi-ti-é*.

D. Pourquoi avoir séparé l'une de l'autre, les deux dernières lettres *ié*?

R. Parce qu'elles ne forment pas une voyelle composée, et qu'il n'y a point de voyelle composée commençant par un *i* ni par un *u*. Une seule de ces deux réponses doit suffire.

Sur le troisième mot : (*vacarme*).

Après la voyelle *a* un trait ; après le second *a* j'ajoute une consonne.

D. Pourquoi cette consonne ?

R. Parce qu'il y en a deux de suite après la voyelle *a*.

Après la dernière voyelle *e* un trait.

D'où il résulte trois syllabes : *va-car-me*.

Sur le quatrième mot : (*transcrire*).

Après la voyelle *a*, j'ajoute deux consonnes ; après la voyelle *i* un trait. J'obtiens trois syllabes : *trans-cri-re*.

D. Pourquoi ajouter deux consonnes à la voyelle *a*?

R. Parce qu'après cette voyelle il y a plus de deux consonnes de suite.

En procédant d'après les mêmes principes, on arrive à séparer des mots d'une prononciation très difficile,

Ainsi *asthme*, *doigté*, *sangsue*, *vingtaine*, *schneider*, *d'eichtal*, se diviseront *asth-me*, *doig-té*, *sang-su-e*, *ving-tai-ne*, *schnei-der*, *d'eich-tal*. On considère dans le premier mot *th* (consonne composée) comme une consonne simple, de sorte que l'on n'est censé n'en ajouter que deux à la voyelle *a*.

Ainsi : *aïeul* se divisera comme il suit : après la voyelle *a* un trait ; après la voyelle *i* un trait ; après la voyelle *eu* ajouter la consonne qui reste. De là trois syllabes : *a-ï-eul*. (aï n'est pas, comme ai, une voyelle composée.)

La division des mots une fois opérée, l'élève lit chaque syllabe séparément d'après les principes posés au chapitre de la syllabisation, et les mots se forment alors pour ainsi dire d'eux-mêmes.

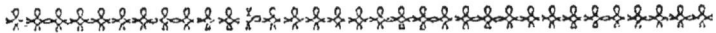

CHAPITRE IV.

VALEUR EXCEPTIONNELLE DE QUELQUES LETTRES.

Il y a des lettres dont la valeur diffère selon la place qu'elles occupent dans les mots. Il y en a d'autres qui deviennent tout-à-fait nulles dans certaines positions.

Ce sont ces nouvelles difficultés que nous allons faire connaître aux élèves.

1° Quand *oi* est suivi de *n* dans un mot, la syllabe se sépare toujours après l'*o*. C'est la seule voyelle composée qui puisse se diviser. Ainsi, *point*, *moins*, *besoin*, *loin*, se lisent : *po-int*, *mo-ins*, *beso-in*, *lo-in*. L'exercice aura bientôt habitué l'élève à confondre ces deux sons en un seul.

2° *Y* dans le corps des mots, et précédé d'une voyelle, tient la place de deux *i* (*i-i*) et se prononce deux fois, de sorte que lorsqu'il se trouve précédé d'une voyelle et suivi d'une lettre quelconque, dans un mot que l'on doit diviser en syllabes, il faut tirer un trait vertical au milieu de cet *y* de manière à mettre un *i* de chaque côté.

Exemples : *pays, paysan, moyen, joyeux*.

Divisez comme s'il y avait : *pai-is, pai-i-san, moi-i-en, joi-i-eux*.

Il n'y a pas d'autres exceptions que celles que présentent les mots pluriels, d'origine turque, *deys, beys,* etc.

3° *S* placé entre deux voyelles dans le même mot, sonne comme un *z* : *rusé, désir, rose*. Il y a bien quelques exceptions telles que, *préséance, présupposer, vraisemblable*; mais elles s'offrent si rarement qu'il suffit d'en informer l'élève à mesure qu'elles se présentent.

S, placé à la fin d'une syllabe, dans le corps d'un mot, se prononce fortement *se*. L'exacte et forte prononciation de cette lettre facilite la lecture de certains mots, tels que *horoscope, finistère, peste, pistolet,* etc.

A la fin d'un mot le *s* ne se prononce pas. C'est une lettre nulle en ce qui concerne ce mot (1). Mais il est bien entendu qu'il n'est ici question que de la lecture des mots séparés et nullement des liaisons.

Dans le 12ᵉ tableau (rappelé au chapitre 2 de la syllabisation), nous avons évité de présenter des syllabes commençant par une voyelle et terminées par un *s* ; en voici la raison : nous ne voulions comprendre dans ce tableau que des syllabes dont la prononciation fut toujours invariable, et nous aurions embrouillé les idées des élèves si nous avions prétendu leur donner d'une manière générale la prononciation des syllabes *es, is, os, as, us* avant de leur avoir fait savoir que le son du *s* varie ou

---

(1) Il faut excepter : *lis* (plante), *agnès, vis, rébus,* et quelques autres mots où le *s* final se fait sentir. Mais il n'est pas nécessaire de les faire connaître de prime abord aux élèves pour ne point surcharger leur mémoire. L'usage les leur apprendra.

s'annule en entier selon la place que cette lettre occupe dans les mots.

En effet : *s* est nul dans *hommes*, et se prononce fortement dans *peste*, *bestiaux*, etc.

Il est nul dans *tapis*, et se fait entendre dans *pistolet*, *histoire*.

Nul dans *repos*; il se fait fortement sentir dans *oscillation* et *horoscope*.

Nul dans *repas*; il se prononce dans *astronomie*.

Nul dans *inclus*, *reclus*; on le fait entendre dans *ustensile*, *combustion*.

Tenons donc pour certain, et faisons-le bien comprendre aux élèves, que *s* à la fin d'un mot n'a aucune valeur par rapport à ce mot; et que, placé à la fin d'une syllabe dans l'intérieur d'un mot, il se fait toujours sentir.

4° *Qu*, suivi d'une voyelle, fait *q* seulement; l'*u* ne se fait pas sentir. Il y a aussi des cas ou *qu* se prononce *cou* et *cu*, mais il est inutile de le faire savoir à des commençants, pour ne pas trop surcharger leur mémoire.

5° *Gu*, suivi d'une voyelle, fait seulement *g*; l'*u* ne se fait pas sentir non plus. Cependant lorsqu'il y a un tréma (¨) sur cet *u* ou sur la voyelle qui le suit, on doit entendre l'*u*.

EXEMPLES : *Ciguë, ambiguë, argüé.* — En conséquence, lors de la division des mots en syllabes, on ne doit avoir aucun égard à l'*u* qui est à la suite de *q* et *g*, et opérer comme si cet *u* n'existait pas.

6° *Cu*, suivi de *e* se prononce *ke*, comme dans *écueil*, et dans les dérivés et composés de cueillir.

7° La lettre *h* est toujours nulle lorsqu'elle n'entre pas dans la formation d'une consonne composée.

8° *Ch*, suivi d'une consonne, telle que *l, m, n, r*, se prononce *ke*, l'*h* disparaît tout-à-fait.

EXEMPLES : *Chlore, drachme, arachné, christ, chronologie*, etc.

Il y a encore des mots dans lesquels *ch* suivi d'une voyelle, ne rend que le son du *k*, tels que *chaos, archonte, chorus, chœur, orchestre*, et autres. C'est l'usage et le maître qui peuvent enseigner la connaissance de ces mots.

9° *X* précédé de *e* et suivi d'une voyelle se dit *gz*.

Cette lettre a quelquefois dans l'intérieur des mots la valeur de *z*, et à la fin des mots celle de *s*. Mais il est inutile de faire connaître aux élèves ces exceptions. L'usage les en instruira.

CHAPITRE V.

DE LA VOYELLE È.

Cettre lettre ne conserve le son qui lui est propre qu'autant qu'elle n'est pas suivie d'une consonne dans la même syllabe; sinon, le son de cette voyelle subit les modifications suivantes :

RÈGLE GÉNÉRALE.

Toutes les fois que la lettre E est suivie d'une consonne dans la même syllabe, elle prend le son ouvert de *è*.

EXEMPLES.

E suivi de B. H*eb*domadaire.
— — C. A*vec, éch*ec, b*ec*, ins*p*ection.
— — D. *Ed*mond, Alfr*ed*.
— — F. *Eff*et, grie*f*.
— — G. Se*g*ment, fle*g*matique.
— — L. *El*le, que*l*, rappe*l*, tonne*ll*e.
— — P. *Ex*ception, per*c*eption.

E suivi de R. *E*rgot, *e*rmitage, *e*rreur.
— — S. *E*scamoter, *e*sclave, d*e*scendre, *e*ssor, g*e*ste, p*e*ste.
— — T. Parap*e*t, bill*e*t, bagu*e*tte, tromp*e*tte.
— — X. *E*xcès, ind*e*x, *e*xciter, *e*xtrême.

Cette règle est si particulière à la langue française que, dans les verbes en *eler* et *eter*, qui redoublent, à certains temps, les consonnes *l* et *t*, ce redoublement a pour effet de donner, à l'*e* qui précède, la prononciation de *è*, sans qu'il soit besoin de le surmonter d'un accent; ainsi : *appeler*, j'appe*lle*, je*ter*, nous je*tter*ons. (23ᵉ tableau).

EXCEPTIONS.

Il y a néanmoins quelques exceptions que nous allons rappeler successivement :

1º Si la lettre E est suivie de *m* ou *n* dans la même syllabe, la combinaison de cette voyelle avec l'une ou l'autre de ces consonnes produit le son de *an*. C'est l'un des sons composés qui figurent au 5ᵉ tableau.

Cette combinaison rentre cependant quelquefois dans la règle générale ci-dessus; exemple : *Jemmapes*, *Emma*, *ennemi*, *amen*. Cela a lieu particulièrement lorsqu'il y a doublement de la consonne. (Voir pour l'analogie, le chapitre 6 suivant).

2º On a vu au chapitre 4, nº 3, que le *S*, à la fin d'un mot est une lettre nulle, en ce qui concerne ce mot; de sorte que le *s* final ne donne pas à l'*e* qui le précède, le son de *è*. Il a pourtant cette propriété dans tous les monosyllabes.

EXEMPLES : (tu) *es*, *mes*, *tes*, *ses*, *les*, *des*.

3º La même voyelle *e*, suivie de *r* ou de *z*, à la fin d'un mot, a le son de l'*é* fermé, et dans ce cas le *r* et le *z* ne se lisent pas; (23ᵉ et 24ᵉ tableaux). Mais la règle, même dans ce cas, reprend sa force dans tous les monosyllabes terminés par R. M*er*, *fer*, *ver*, *ter*, *cher*; ainsi que dans quelques noms terminés par *z* : *Fez*, *Rodez*.

Il est encore d'autres mots dans lesquels la règle reparaît, tels que *éther*, *esther*, *amer*, *hiver*, *abner*, mais il est inutile de le dire aux commençants, l'usage les en instruira.

4° Les deux lettres *et*, faisant à elles seules un mot, (*et* conjonction) se prononcent *é*; c'est le seul cas où le *t* ne donne pas le son ouvert à l'*e* qui précède.

5° La finale *ied*, se prononce *ié*; ainsi : *pied*, *trépied*, *s'assied*, *messied*, etc. (24° tableau).

6° Quand la dernière division d'un mot ne se compose que de la voyelle *e* ou de *es*, elle ne se lit point.

EXEMPLE : (choses) *consommé-es*, *fini-es*; (somme) *du-e*.

Il en est de même, lorsque la lettre *e*, dans l'intérieur d'un mot, forme à elle seule une division de ce mot; elle ne se lit pas non plus.

EXEMPLE : *jou-e-ra*, *appréci-e-rez*, *agré-e-rais*. (24° tableau).

CHAPITRE VI.

DE QUELQUES SONS PARTICULIERS.

§ 1er. — *om*, *on*, *im*, *in*.

Les syllabes *om*, *on*, *im*, *in*, conservent habituellement leur son nasal, à moins que le *m* et le *n* ne soient doublés; dans ce cas, chaque lettre reprend le son qui lui est propre. Aussi l'on prononce ces syllabes quand il y a doublement des consonnes, comme si on les écrivait de la manière suivante : *o-me*, *o-ne*, *i-me*, *i-ne*.

EXEMPLES : *homme, tonne, immense, inné.*

L'application de la méthode de division, enseignée au chapitre 3, facilite beaucoup la lecture des mots dans lesquels se rencontrent ces sortes de sons. (*V. le 25ᵉ tableau*).

§ 2. — ..il — ..ill

Nous n'entendons traiter ici de ces combinaisons de lettres, que pour le cas où elles se rencontrent dans l'intérieur ou à la fin d'un mot; car si ces lettres commencent un mot, chacune d'elles conserve le son qui lui est propre. Témoin : *Illustre, illégal, illégitime, illisible.*

1° A la fin d'un mot et précédé d'une voyelle, *il* se prononce *lieu*. Cependant il faut avoir soin d'adoucir sensiblement la finale *eu*, dont le son doit être semblable à celui de la voyelle *e* dans *de* ou *le*.

Si la voyelle qui précède *il* est un *e*, cette lettre *e* prend le son ouvert de *è*. (26ᵉ tableau).

Lorsqu'il s'agit de diviser les syllabes d'un mot où se rencontre *il* précédé d'une voyelle, le trait de séparation se place avant l'*i* quand même cette lettre formerait, avec la voyelle précédente, une voyelle composée. C'est une exception à la règle qui veut qu'une voyelle composée ne soit pas séparable, et cela en vertu de cette autre règle qui s'oppose à ce qu'une syllabe soit formée sans voyelle. Ainsi, la dernière syllabe de ce mot consistera seulement dans le son composé *il*.

EXEMPLES :

Travail, camail, soleil, éveil, cerfeuil, fenouil.

DIVISEZ : *tra-va-il, ca-ma-il, so-lè-il, é-vè-il, cer-feu-il, fe-nou-il.*

Et lisez en appuyant légèrement sur la finale *eu* :

Tra-va-lieu, ca-ma-lieu, solè-lieu, évè-lieu, cerfeu-lieu, fenou-lieu.

2° *Ill*, dans l'intérieur d'un mot, précédé d'une

voyelle, se prononce également *lieu ;* et si c'est un *e* qui précède, il prend comme dans le cas précédent, le son ouvert *è.* (26ᵉ tableau).

EXEMPLES.

Canaille, marmaille, merveille, pareille, feuille, rouille.

Pour la division de ces mots en syllabes, on met aussi le trait de séparation avant l'*i,* et on prononce en glissant légèrement sur la finale :

Cana-lieu, marma-lieu, mervè-lieu, parè-lieu, feu-lieu, rou-lieu.

3° Enfin, quand *ill,* dans l'intérieur d'un mot est précédé d'une consonne, on place le trait de séparation après l'*i,* afin que la syllabe précédente possède une voyelle, qui est son élément essentiel, et les deux *ll* se prononcent *lieu.* (26ᵉ tableau).

EXEMPLES.

Pétiller, brillant, sillon, papillon.
Lisez :

Péti-lieu-er, péti-lier; bri-lieu-ant, bri-liant ; si-lieu-on, si-lion; papi-lieu-on, papi-lion.

Au lieu de faire rendre les sons mouillés *il* et *ill* par *lieu,* on pourrait habituer les élèves à dire *ieu* avec une seule émission de voix, en prononçant *eu* comme *e* dans *le* ou *de.* Cette prononciation serait peut-être plus convenable dans les cas prévus aux numéros 1 et 2 ci-dessus, c'est-à-dire lorsque les combinaisons *il* et *ill* sont précédées d'une voyelle; mais si c'est une consonne qui les précède, comme dans *brillant, papillon* (règle n° 3), Nous pensons qu'en employant le son *lieu,* on se fait mieux comprendre des élèves et que les résultats sont plus prompts.

On ne saurait nier que cette façon de parler, *petilier,*

briliant, papilion, si les enfants devaient la conserver, aurait quelque chose de prétentieux ; mais l'exercice de la lecture perfectionnée leur en aura bientôt fait perdre l'habitude (1).

§ 3.

Ti, dans le corps d'un mot, se prononce *si*.

1° Devant *a*, *o* (2), *eu*, *el*.

EXEMPLES : *impartial, nation* (2)*, ambitieux, essentiel, initia, partialité*, etc.

2° Dans une infinité de mots où il est immédiatement précédé d'une voyelle et suivi de *e*, tels sont, *Dalmatie, béotie, helvétie, initiera*, etc. ; mais il y a quelques exceptions, telles que, *épizootie* et tous les mots formés des verbes en *tir*, comme *bâtie, assujétie, abrutie, engloutie*, etc. Le maître peut seul saisir l'instant favorable pour faire sentir ces distinctions aux élèves. (27ᵉ tableau).

Au commencement d'un mot, *ti* conserve le son qui lui est propre. EXEMPLES : *tiare, tien, tiers*, etc. Il en est de même lorsqu'il est immédiatement précédé de *s* ou de *x*. EXEMPLES : *Gestion, mixtion, bestiaux*.

§ 4. — *éen — ien — ient*.

Les finales *éen, ien* se prononcent *i-in*.

Et celle *ient* se prononce *i-an*.

Les troisièmes personnes plurielles des verbes font exception à cette dernière règle ; mais on donnera, sous le paragraphe suivant, le moyen de les reconnaître et de

---

(1) Cette prononciation, quoique rejetée généralement, est conforme à l'étymologie latine. Ainsi, *feuille* vient de *folium* ; *fille* de *filia* ; *cerfeuil* de *cærefolium* ; *papillon* de *papilio* ; *ailleurs* de *aliorsûm* ; *tilleul* de *tilia*, etc., etc.

(2) De cette règle doivent être exceptées les premières personnes plurielles des verbes. L'usage les fera suffisamment connaître aux élèves.

les lire, sans les confondre avec la finale *ient* des substantifs.

EXEMPLES.

Européen, Vendéen, bien, chien, vaurien, comédien (i-in).

Client, inconvénient, expédient, coëfficient (i-an).

On voit que le *t* final fait varier la prononciation des diphthongues *(ien-ient)*, et que c'est à tort que l'usage s'est établi de supprimer ce *t* final, au pluriel, dans les mots terminés par *ent* ou *ant*. La suppression de cette lettre peut induire en erreur un élève qui n'est pas en état de trouver la raison de différence entre la prononciation des *comédiens* et celle des *expédiens*. (27e tableau).

§ 5. — *nt*.

Quand ces deux lettres terminent les troisièmes personnes plurielles d'un verbe, elles ne servent aucunement à la prononciation du mot à la suite duquel elles se trouvent ; il faut les négliger et ne point les lire.

Il est très-facile de faire comprendre aux élèves la règle suivant laquelle ces deux lettres doivent se lire ou ne pas se lire. Cette règle est simple ; elle est d'un emploi presque mécanique, et des enfants d'une intelligence, même bornée, sauront, au bout de quelques jours d'exercice, en faire l'application.

Il suffit de leur dire que toutes les fois qu'un mot peut se lire sans les deux lettres finales *nt*, c'est-à-dire lorsqu'il conserve un sens en faisant la suppression de ces lettres, il faut considérer *nt* comme n'existant pas.

Mais que si le mot ne signifie rien sans ces deux lettres, il faut y avoir égard, les joindre à l'*e* qui précède, et prononcer *an*.

La seule question à poser aux élèves est celle-ci : ce mot signifie-t-il quelque chose (ou a-t-il un sens) sans ces deux lettres ?

EXEMPLES.

Les hommes aiment la gloire.
Les chevaux charrient de la pierre.

D. Aime, en supprimant *nt* signifie-t-il quelque chose?

R. Oui. — Donc il faut ne pas s'occuper de ces lettres et lire le mot comme si elles n'existaient pas.

D. Charrie, signifie-t-il quelque chose sans *nt?*

R. Oui. — Donc il ne faut pas y avoir égard.

Souvent le mouvement de la terre.

D. Souve signifie-t-il quelque chose? *mouveme* présente-t-il un sens?

R. Non. — Donc il faut employer *nt*, joindre ces lettres à l'*e* qui précède et lire *souvan*, *mouveman*.

Là est toute la règle; nous en avons obtenu des résultats satisfaisants. (28ᵉ tableau).

Nous savons bien qu'il y a quelques exceptions; (1) quelle est la règle qui n'en a point? Mais elles sont fort rares et l'usage en instruira les élèves.

§ 6.

1° Quand *ai* termine un mot et qu'il n'est pas suivi d'autres lettres, il se prononce *é*. EXEMPLES : j'*aimai*, je *finirai*, etc.

Suivi d'autres lettres, il reprend le son qui lui est propre, c'est-à-dire *è*. EXEMPLES : *aimait*, *finirais*, *entendraient*, etc.

2° Quand *eu*, *eus*, *eut* forment à eux seuls un mot, ils font *u*, les autres lettres ne se prononcent pas. Il en est de même de leurs composés *eûmes*, *eûtes*, *eurent*; *eu* fait également *u* dans *gageure*. (28ᵉ tableau.)

---

(1) Parmi les exceptions figurent *prude* et *prudent*; (ils) *expédient*, et (un) *expédient*; (ils) *président* et autres mots semblables qui s'apprennent par la pratique de la lecture. L'intelligence supplée dans ce cas aux leçons.

3° *Ao* sonne :

Comme *a* dans *paon*, *paonne*, *paonneau*, *faon*.

Comme *o* dans *saône*, *taon*, *saoûl*, *saoûler*, *août*.

Pour ne pas trop fatiguer la mémoire des élèves, le maître devra avoir soin de ne les entretenir des difficultés expliquées sous ces trois derniers numéros que lorsqu'elles se présenteront d'elles-mêmes dans les livres et que la nécessité l'exigera.

CHAPITRE VII.

1° DES LETTRES *ps*, *sp*, *st*, *sc*, *scr*, *str*, *spl*, *squ*, *sph*, *sm*, *sv*, *mn*.

Nous n'avons point fait figurer ces lettres parmi les consonnes composées ou inséparables, parce que dans l'intérieur des mots elles se séparent toujours. Des exemples vont le prouver :

ps	*sp*	*st*	*sc*
Rap-so-die,	es-pa-ce,	dis-tan-ce,	es-comp-te,

scr	*str*	*spl*
ns-crip-ti-on,	ins-tru-ment,	es-pla-na-de.

Ce n'est qu'au commencement des mots que ces lettres ne se séparent point, et la raison en est simple : En effet, si l'on devait les diviser dans cette position, il arriverait que quelques-unes de ces consonnes formeraient à elles seules une syllabe sans le secours d'une voyelle, ce qui serait contraire à la règle invariable qui exige la présence d'une voyelle, simple ou composée, dans toute syllabe.

Lorsque ces consonnes, doubles ou triples, commencent un mot, les élèves doivent fondre les sons exprimés par chacune d'elles, de manière à n'en faire entendre qu'un, et à laisser néanmoins l'impression de chaque son isolé. EXEMPLES : *splendeur*, *style ;* les syllabes *splen* , *sty*, doivent rappeler légèrement les sons *se-plen*, *se-ty*.

Quant à la double lettre *sc*, elle produit des sons différents selon qu'elle est suivie des voyelles *a*, *o*, *u*, ou des voyelles *e*, *é*, *è*, *ê*, *i*, *y*; dans le premier cas, le *c* se prononce *k* comme à son ordinaire, et la double lettre fait *sk* (se-ke); dans le second cas, le *c* fait *s* et la double lettre se prononce comme s'il n'y avait qu'un *s*. (Voyez le 29e tableau).

2° Des finales *x*, *s*, *t*, *d*, *g*, *p*, *pt*, *ts*, *ps*.

En général ces lettres ne se prononcent pas à la fin des mots; il faut dire aux élèves de ne point les faire sentir. L'habitude de la lecture et un bon maître lui feront connaître les exceptions.

CHAPITRE VIII ET DERNIER.

DE L'APOSTROPHE ET DES LIAISONS.

1° *De l'Apostrophe.*

Sans faire connaître à l'élève quelles sont les lettres que remplace l'apostrophe, il suffit de lui dire que la lettre qui précède l'apostrophe se joint toujours à la lettre suivante, quelle que soit la distance qui existe entre elles.

2° *Des Liaisons.*

On emploie les liaisons pour adoucir ce que le langage et la lecture auraient de saccadé et de dur à l'oreille, s'il fallait articuler les mots séparément et les détacher tous les uns des autres.

Lier deux mots entre eux, c'est joindre la dernière consonne du premier à la voyelle qui commence le mot suivant ; mais toutes les consonnes n'ont pas la propriété de se lier à la voyelle qui suit ; il en est même quelques-unes qui ne forment liaison que dans certains cas. Nous ne nous occuperons que de celles qui se lient habituellement.

Ces consonnes sont les suivantes : *s, t, d, n, g, z, x.*

1° *s* final (nul pour le mot auquel il appartient (1)) sonne toujours comme un *z* avec la voyelle qui suit :

EXEMPLE :

Les hommes aimables. — lè-zhomme-zaimables.

2° *t* final (également nul pour le mot qu'il termine (2)) sonne fortement avec la voyelle suivante ; mais il conserve le son qui lui est propre.

EXEMPLE :

Il fait un travail. — il fai-tun travail.

3° *d* sonne avec la voyelle suivante comme un *t.*

EXEMPLE :

Grand homme. — gran-thomme.

4° *n*, en sonnant avec la voyelle qui suit, paraît quelquefois se détacher tout-à-fait du mot auquel il aptient.

EXEMPLE :

Bon ami. — bo-nami.

Il y a beaucoup de cas où la liaison de cette lettre n'a pas lieu.

---

(1) Voyez chapitre 4, n° 3, 3° alinéa.

(2) Voyez chapitre 7, n° 2.

5° *G*, sonne habituellement comme *k*.

EXEMPLE : *rang élevé.* — *ran-kélevé.*

6° *Z*, en se liant, conserve le son qui lui est propre.

EXEMPLE : *chez eux* — *ché-zeux.*

7° *X*, sonne comme *z*.

EXEMPLE : *le prix honorable* — *le pri-zhonorable.*

Nous ferons observer qu'on ne doit pas opérer de liaison entre des mots que sépare un signe de ponctuation ; cependant dans une lecture courante, un peu rapide, la virgule n'est pas toujours un obstacle à une légère liaison.

Et qu'il est indifférent que le second mot commence par une voyelle ou par une h muette.

Avant de terminer cette première partie, nous devons engager les instituteurs à faire connaître aux élèves, qui sont bien exercés à la lecture (mais point auparavant), l'ancienne appellation des lettres, dans l'ordre alphabétique ordinaire.

Cette connaissance est indispensable pour les explications en écriture et en orthographe, et pour l'emploi des dictionnaires. (30° tableau.)

Modèle de Syllabier

Column (1):

consonants: m, r, j, g, v, t, s, c, ç, p, d, b, f, k, n, z, x

vowels: e, a, é, i, è, o, ê, u, y, œ, eu, œu, ei, ai, eai, ey, ay, eo, au, eau, ea, ou, oi, coi, oy, an, am, ean, en, em, in, im, ain, aim, ein, yn, ym, on, om, eon, un, am

Column (2):

e, a, é, i, è, o, ê, u, y, œ, eu, œu, ei, ai, eai, ey, ay, eo, au, eau, ca, ou, oi, coi, oy, an, am, can, eu, em, in, im, ain, aim, ein, yn, ym, on, om, eon, un, um

consonants: ch, gn, ph, cr, cl, pr, pl, dr, br, bl, gr, gl, tr, fr, fl, vr, phr, phl, rh, th, thr

Column (3):

a, i, o, u, y, eu, œu, ai, ei, ou, oi

consonants: b, c, d, f, g, l, m, n, p, r

Les numéros 1, 2, 3, indiquent les curseurs ou planchettes mobiles, maintenues derrière par de petits ressorts.

Les Colonnes de consonnes sont fixes.

BEAUVAIS. — IMP. DE MOISAND.

www.ingramcontent.com/pod-product-compliance
Lightning Source LLC
Chambersburg PA
CBHW061004050426
42453CB00009B/1249